一種叫做
恆春的生活

Domi _ 朵米

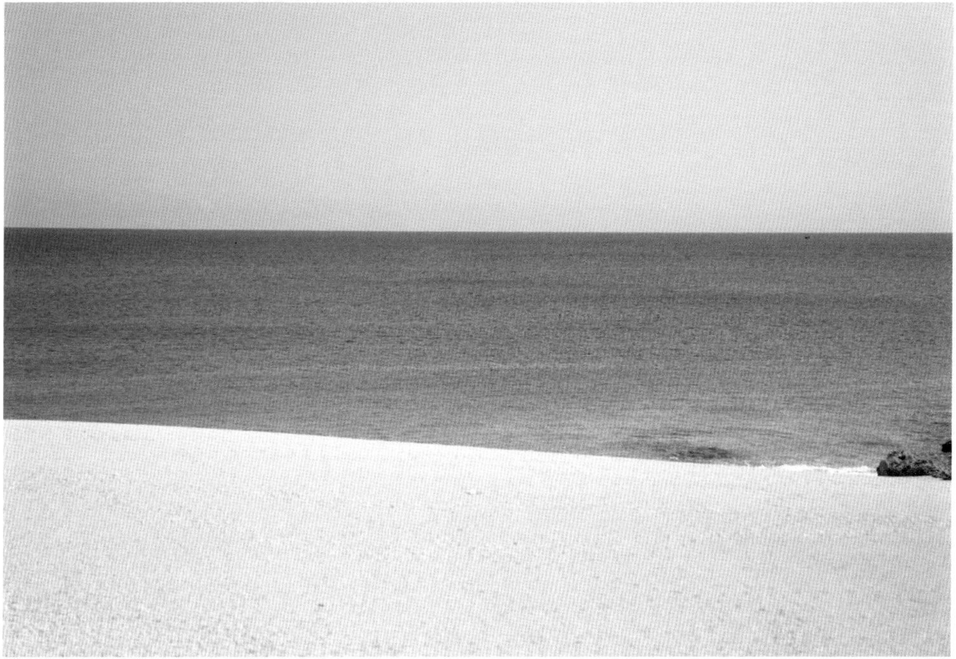

前言

以前讀毛姆的《月亮與六便士》，書中有一段話如此形容大溪地：

「人們說只要你聞過一次那香味，不管你漫遊到多遠的地方，最後總是會被吸引回到大溪地來。……

有時候他們就像那樣被這裡迷住了，我知道有些人因為船在載貨，上岸才待了沒幾個小時，就不曾再回去過了。我也認識一些人被派駐在這裡一年，他們咒罵這個地方，要離開時還發下毒誓，說寧死也不再回來，結果不到半年你就看見他們又上岸了，他們會跟你說，他們沒辦法在別處生活了。」

我想，來到恆春的人，或許都曾經在不經意間聞到了某股淡淡的香氣，不自覺地被那自由自在的味道所吸引。

與都市相比，在恆春生活儼然是另一幅光景，從大人到小孩，每個人都晒出一身黑黝黝的膚色，穿著夾腳拖在太陽底下到處跑，路上經常見到身穿防寒衣、泳衣，又或者根本沒穿上衣的人，騎著摩托車準備去海邊潛水、釣魚。機車上載著長長的衝浪板是司空見慣的景象，我好幾次看見用機車載著剛捕撈上岸一整隻又重又長的芭蕉旗魚，從漁港返回的居民。

恆春人多半倚著海過日子，舉凡生活、作息、職業，甚至是價值觀，與城市人有很多的不同。

好比說，膚色常做為某種衡量標準。膚色愈深代表擁有充足的戶外休閒生活，倘若皮膚白了點，朋友可能會擔心地問你最近怎麼都沒有出門晒太陽，是不是發生什麼事？

一回朋友騎車忽然遇到暴雨，狼狽地在路邊換雨衣，沒想到往旁邊一看，騎著檔車的阿伯反而開始悠悠哉哉地脫起上衣。朋友這才驚覺：「對喔，都溼了還穿雨衣幹麼？」阿伯的行為實在是太有道理了！

這次因為出版的機會得以將在恆春的日子寫下的隨筆整理成冊，北起枋山、南至鵝鑾鼻，恆春半島地域遼闊，有很多值得一書的美麗場所。提筆之初，對於要寫哪些內容猶豫不決，擔心漏寫了哪一個該提而沒有提的地方，後來經編輯點醒，才意識到我想寫的是在這座海邊小鎮的生活風景，而非一本旅遊景點書籍。

整理過程中，更進一步意識到我所寫下的這些山與海的故事，無論是住在遙遠山裡某個人很渺小的生活方式，或是海岸漁村裡阿公阿嬤的日常作息，總有一天都將淹沒在時間的洪流之中，而我想做的，是記錄這些稍縱即逝的生活風景，嘗試捕捉那些一眨眼就會不見卻讓我的心靈感受到美麗的瞬間。

唐娜．塔特在《金翅雀》一書中是這麼寫的：「所有美麗事物的意義，在於能引領你走向更廣闊的美麗，那些打開你心門的第一幅景象，你將終此餘生地追尋它，或嘗試再次捕捉它，無論是以何種方式。那些關於重重震撼你內心，如花般盛放的畫面，那些打開更加寬廣的美麗，讓你情願一生追尋卻永遠追尋不著的景象。」

每個遊子飄泊異鄉的原因林林總總，但選擇繼續在恆春生活的人，我想多半和我一樣，也曾不經意地遇上了某個打開心靈的美麗瞬間，自此終其一生不斷地追隨。

希望這本書，能讓你看見這座海邊小鎮迷人的生活風景。

目次

藍色是最溫暖的顏色

沿著公路行駛，穿過了一個又一個的城鎮，一路搖搖晃晃向著遙遠南方的海浪前進。

進入枋山以後，海的味道逐漸取代了城市的氣息，車窗外一格一格的道路風景變得開闊。彷彿永遠也沒有盡頭般，一大片蔚藍清澈的海就這樣在眼前張了開來。

挾帶著奶油般的細碎浪花在陽光下緩緩流動，幾十公里的海岸公路一路綿延至鵝鑾鼻，這一段台灣南方末端的海岸線，就是我居住的恆春半島。

記憶中的恆春總是藍藍的。

有一部我很喜歡的法國電影叫做《藍色是最溫暖的顏色》，劇中以藍色做為人物的情感符號，原本代表冷色的藍色對劇中的人物而言卻是溫暖的記號。

生活在恆春，日子幾乎沒有一天看不到海，藍色之於我而言，因而也總是帶有一種溫暖的印象。

恆春的天氣宜人，穿梭在森林與海洋之間，在這裡，我用歲月感受到了書本裡所謂的四季如春、冬暖夏涼。

恆春半島擁有得天獨厚的地理位置，夏天因受西南季風影響較大、且有海洋調節氣溫，天氣總是比熱島效應嚴重的城市來得涼爽；冬天則因緯度較南、陽光充足，加上來自菲律賓的黑潮會先經過恆春，氣溫因此較為溫暖。

也因為菲律賓的黑潮，恆春海域適合珊瑚生長，使得恆春的海特別漂亮，海水溫度不會低於二十二度，即便冬天也可以下水游泳。

雖然冬天三天兩頭就吹著強勁的落山風，騎著摩托車在馬路上常被吹得東倒西歪，卻也是因為這獨特的風吹走了北方的空污，讓恆春擁有清新乾淨的空氣。

我常忍不住想，怎麼會有這麼適合生活的地方？

這片土地就像是一份來自大地的禮物，能夠生活在這裡，就像是夢一般的事情。

海上見！

「等一下要不要去海邊？海上見！」在海邊生活，常有說走就走的隨興舉止。

恆春的人很少明確地決定明天做什麼、在哪裡碰面，而是隨著天氣見機行事。只要眼下的天氣好，便可能臨時起意「要不要下水？」、「要不要去看夕陽？」、「要不要去看流星？」就算沒約，只要到了海邊，甚至在海裡，總是會碰見幾個朋友剛好也在那裡。

對生活在城市的人而言可能很難想像，「海上見」卻是這裡特有的神奇默契。

鄉下地方的生活線條很單純，日子多半與大自然為伍，生活的曆法就是天氣，哪裡海況好就往哪裡去，也造就了恆春的人看似即興、總是臨時才決定事情的生活方式。

在我看來，這其實是 live the moment 的生活美學。

如果常常入海潛水，你會發現，就算是相同地點，能見度也會因為不同的海流挾帶的雜質而有清澈見底與混濁不清的極大差異；即便是沒有光害的地點，星空每一天的明亮度也會受到雲層或是遠方飄來懸浮微粒的影響而有所不同。

自然是一種流動的狀態，不知道明天會不會下雨，也不知道等一下是否忽然飄來一片烏雲。在海邊住久了，我漸漸明白，最美的風景並不總是等你預備好才出現，當它出現時也不等待。

恆春的人懂得把握眼前轉瞬即逝的美。

如果有人因為某個海邊起了好浪而大清早就急著出門，沒有人會大驚小怪。好浪嗎？啊，那他的確有必須出門的理由。好浪可是不等人的，說不定明天就沒有了。

貌似一副沒有計畫的模樣，卻也隨時都準備妥當說走就走，看起來率性過了頭，其實是順應著生活無常流動的本質。今天有的風景，明天不一定在。

生命裡的許多美景都只是一瞬，人們常常忙著勾勒未來的模樣，卻本末倒置地忘了我們過去一路走來，都是為了活在眼下的這一刻。

要說海邊的歲月教會了我什麼，大概就是專注於活在當下、隨遇而安的生活態度吧。

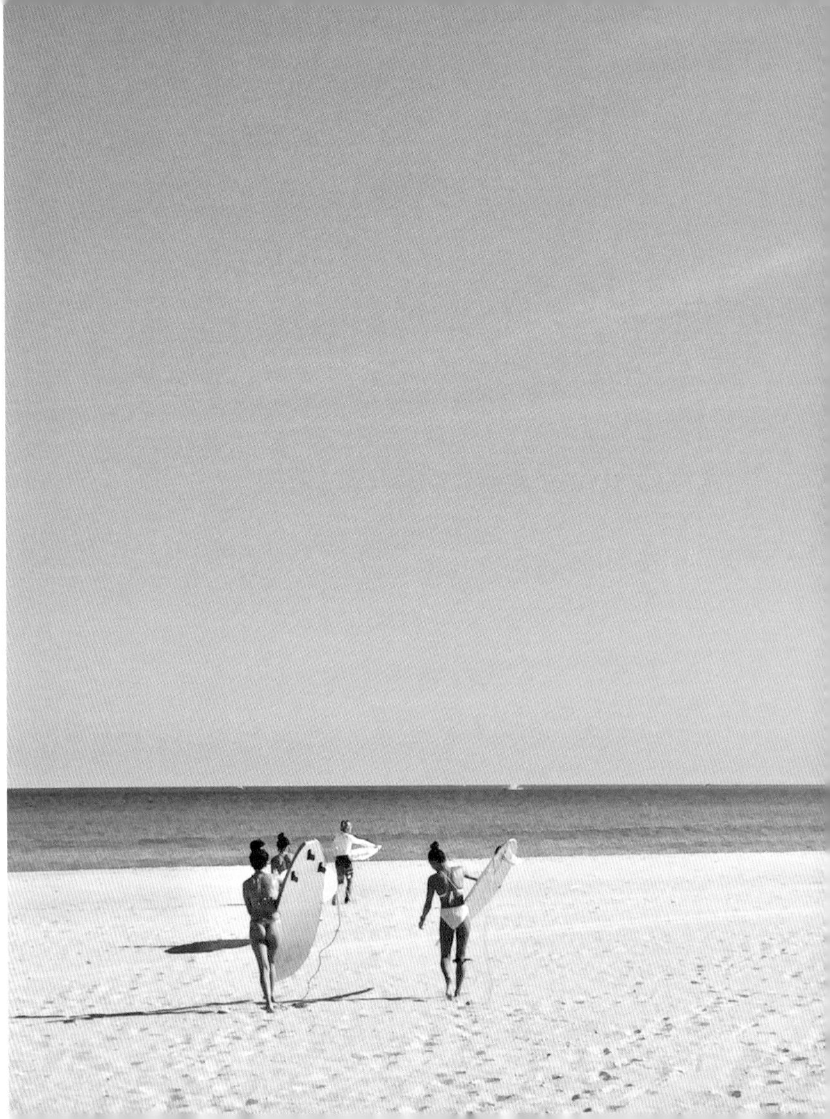

海的面貌

以前的我只知道海是藍色的，搬到恆春每天看海以後才曉得，原來海有那麼多種藍。

在陽光底下像透明水晶一樣閃閃發光的藍，寧靜深邃的寶石藍，即便是颱風那混濁泥濘的灰藍，那也是海，同樣是屬於海的其中一張原始野性的面貌。

花了很多時間與海相處，看過了海各種各樣的面貌後，我發現比較哪一片海最美沒有意義。海就像千面女郎，不同的季節和時間，各有不同的樣貌，錯的是匆匆一瞥的我們。

但關於海，我當然有一些私心偏愛的面貌。

我通常喜歡清晨前往海邊，特別是氣候最穩定又涼爽的秋天，畢竟一旦熱得不成人樣，再美的風景也令人生厭。拂曉無人的寂靜海邊是我認為最美的，光線柔和，空無一人的沙灘上只有規律的海浪聲此起彼落拍打著耳際，偌大的天地之間彷彿只剩下我與眼前這一片海。在那樣的時刻，平靜總從心裡像花朵般盛開。

我也喜歡日暮時分沿著沙灘散步。每一天的晚霞都有截然不同的色調，橘金色、藍紫色、颱風來臨前的火燒雲，顏色層層疊疊地把天空與海染成一片接連在一起，也為沙灘上每一張臉染上一層薄薄的暮色。人們拖著長長的影子、踩著緩慢的步伐準備歸去，是一天中最安靜的時刻。我常不自覺地坐在海邊呆望著，直到天上出現第一顆星星。

夜晚的海則擁有另一種難以言喻的魔幻之美。除了星光滿天的海岸、夏季夜空清晰可見的銀河，每年固定還有幾場特別盛大的流星雨。站在海邊望著紅色、紫色、藍色的碩大流星拖著長長的尾巴不斷劃過天際，那畫面實在浪漫得太過離奇，以致於有時回想起來都懷疑自己是不是在做夢，總要到下一次再度看見流星才能確認自己不是做夢，而是活在夢裡。

此外，月圓過後那幾天，月亮升起的時間恰好是天黑後，在恆春東邊的海岸能看見黃澄澄的月亮從海平面緩緩升起的絕美景象，稱之為月升。而當皎潔的月光灑落在漆黑的海上，形成一條波光粼粼的金色道路，則被稱為月光海。這魔幻的夜景總讓我想起馬奎斯筆下神祕的馬康多，在那片月光下，彷彿所有奇幻不可思議的事情都有可能在這座小鎮發生……

大抵來說，我喜歡的海多半是她最寧靜的模樣。多數人對海的印象總是喧囂歡騰而成群結伴的，但對我來說，那些安然自在的時刻才是海邊應該有的樣子。細數十多年來每天看海的日子，看盡了各種顏色的海與晚霞，就算有一天不住恆春了，人生曾經擁有這樣一段時光，我想也不算白活。

躺著晒太陽的生活哲學

在轉個彎就會遇見海的小鎮裡，衍生出了許多只有海邊才有的生活文化，其中一項我最喜歡的，就是去海邊躺著晒太陽的生活哲學。

生活在恆春的人，家裡至少都有一張以上的地墊，工作結束的午後經常彼此提議：「等一下要不要去海邊晒太陽？」接著便視心情挑一處喜歡的海邊，帶上一手冰冰涼涼的啤酒，鋪上墊子，就這樣趴在沙灘上晒太陽打盹。

晒太陽的時候，通常什麼事也不做，望著天空、聽聽海浪拍打的聲音，直到暮色漸沉，這才收拾書本和地墊回家。日復一日，年復一年。

剛搬來海邊的時候我不懂，呆呆地跟著他人一起去海邊坐著發呆，後來的我逐漸理解，原來這是一種屬於海邊的生活哲學，一種將自己歸零的哲學。

很多人來海邊都很忙，忙著拍照打卡，忙著飲酒作樂，深怕錯過任何一點應該做而沒有做的事，現代社會的人們太擔心活得沒有意義了，為了填滿自己，不斷發展出各式各樣複雜的文明娛樂，卻總在結束後加倍感受到被掏空的失落，於是又更急切地做出更多事情，想辦法填補內心的空虛，一切像是沒完沒了般永無止境。

然而老子說，有無相生，有即是無，無即是有。當我們做得愈多，相生的空虛也會愈多，我們真正需要的，其實不過是定時將自己歸零。

來海邊什麼事也不做，才是在海邊最應該做的事。

你將發覺，生命如果有意義，它就藏在雲朵的形狀、海浪的聲音、日暮的顏色裡。

AJR-5222

海底龍宮

雖然在海島國家台灣到處都能看見海，卻只有少數幾個地方可以找到電影場景般的潔白沙灘。

每座沙灘的顏色差異在於沙質構成的成分。白色沙灘是大量的珊瑚礁碎片和貝殼經日風化堆積而成，由於成分中含有碳酸鈣，因此呈現出潔白細膩的美麗色澤。

想找白色沙灘，得去珊瑚喜歡的熱帶地區，不過並不是每個熱帶地區近岸都適合珊瑚礁生態系發展，還需要符合很多海洋氣候條件。

論起台灣本島珊瑚最豐富的地方，無疑是恆春。恆春有從菲律賓往北的黑潮經過，水溫適宜，是台灣最大的珊瑚礁分布區域，種類更多達四、五百種，海底景色蔚為奇觀。我經常驚嘆，如此美麗的地方實在不可多得，簡直就是一塊寶地。

恆春的海實在太美了，所以我最喜歡做的事就是潛水，揹著氣瓶縱身潛入海裡與魚群共游，望著珊瑚一片片接連成丘，海裡的美，簡直像另一個世界。

後壁湖餵魚區的雀屏珊瑚和軟珊瑚區、小咾咕斷層和雙峰藍洞、出水口的梭魚群、山海的凱旋門和赤鼻仔礁、合界的珊瑚礁迷宮、砂島的沉船、海口的中正艦……恆春的每一片海域都藏著不同的驚喜。

穿梭在深藍色的海中，除去了聲音和語言，頓時只剩下純粹的寧靜和美。你會失去時間感和方向感，四面八方都是七彩的珊瑚礁群，絢爛繽紛的景象將擄獲你的雙眼，讓你沉溺其中，幾乎忘了自己不是魚，不知不覺氮醉，產生奇樣的永恆感，上岸後感覺彷彿走了一趟龍宮。

待在這宛若烏托邦的海邊小鎮，時常給我與潛入海裡相同的感受。

恆春就像是浦島太郎故事裡的龍宮，青春和事物在這裡是閃亮而永恆停駐的，每天的生活都像是一場無止境的饗宴，讓人迷戀得走不開，在日日夜夜的歡快之中忘卻煩憂，也忘記一切，直到每每返回都市才發覺，什麼都有點不一樣了。

繼續待在海裡，還是回到陸地？或者，再次回到海裡？

我不是過客，卻也並不真的屬於這裡，漂泊的我就像浦島太郎，永遠都在思考這個問題。

後壁湖遊艇碼頭

不見得人人都適應恆春的生活。

住在海邊聽起來很浪漫，卻也有無聊沉悶的一面，畢竟海邊生活並不是童話，和城市一樣，這裡同樣有不快、有失望、有沮喪，更別提恆春算是偏鄉，生活機能諸多不便。因此，人總像一道道海流，來來去去，有些人只待一陣子，有些人則來了一輩子。

雖然如此，倒也因此很容易遇見一些有趣的人。

譬如過著隱士般生活的藝術家、站在路邊忽然吹起薩克斯風的音樂家、揹著行囊四處流浪的各國旅人、遊歷各地的老船長……這些人的共同特徵就是有大把冒險故事可以分享，一再提醒你這個世界有多大、多美麗。生活在恆春，就像活在《一千零一夜》的故事裡。

若想遇見有意思的人，最好的地方大概是後壁湖的遊艇碼頭。小小的遊艇港內總是停滿了靠港的船隻，有準備出海的潛水船、來自異鄉的帆船，以及私人遊艇。不出海的時候，船員會在港邊洗船、保養、搬運氣瓶，或是什麼事也不做躺在甲板晃呀晃地晒太陽。

停泊的船隻整齊地停在一格一格的碼頭邊，就像一間又一間海上房子，彼此之間也會像鄰居一樣交流。一回，幾艘船相約一起烤肉，我受邀前往，大家在各自的船前架起小小的烤爐，烤著剛釣上來的新鮮小魚，伴著夕陽的粉色餘暉，在碼頭邊悠閒地坐著聊天，氣氛相當輕鬆，空氣中不時飄來淡淡的海水鹹味，很有海邊的生活風景。

在後壁湖遊艇碼頭常常會碰到駕著帆船環遊世界的旅人。帆船在海外是一項很盛行的休閒活動，甚至可說是某種生活方式。

我遇過以船為家、帶著孩子航行了數年的瑞士家庭，小朋友在船上自學，用不一樣的方式認識世界。為了度過在海上隨風浪搖晃的生活，船上有許多奇特的水平設計，甚至可以烤麵包。

我遇過退休後駕駛帆船遨遊世界的澳洲人，因為船突然壞掉，被迫停泊後壁湖修理一年，結果意外融入了恆春的生活，和大家變成了好朋友，離開時大家都有些依依不捨。（嘿，不過你猜怎麼著，沒過多久他又開著船回來了！）

印象最深刻的則是聽劉寧生船長分享遇到索馬利亞海盜的驚險故事。原本經商的他在中年時突然放下一切，不顧一切投奔小時候駕駛帆船出海的夢想，成為台灣第一位駕駛帆船環遊世界的人，活生生就像是從《月亮與六便士》中走出來的史崔蘭。

我對駕駛帆船環遊世界雖僅止於想像，倒是有一個有趣的故事可以分享。疫情那幾年，由於整個恆春都沒有生意做，一位潛水教練好友決定與其在家等死，不如乾脆去環遊世界，她從阿拉斯加一路輾轉抵達中美洲，在瓜地馬拉港口的帆船上打工換宿，接著又在聖馬丁找到船員的工作，負責在船上煮飯，跟著來自丹麥的船長一起從加勒比海橫跨大西洋一路航行至西班牙。

好友登上的船可不是什麼夢幻的豪華郵輪，駕駛帆船渡海的海上生活非常克難，由於要航行一整月，淡水非常珍貴，整整一個月都不能洗澡，每天蓬頭垢面，洗衣服則是直接撈海水上來洗。海上的作息也與陸地不同，航行時會調整成地球時間，每四個小時輪一次班，經常無法睡飽，睡覺的船艙稱不上多舒適，海上更沒有任何娛樂，只能每天不斷地望著一成不變的大海發呆。

海上的生活聽起來如此苦悶，為什麼仍有這麼多人趨之若鶩呢？

好友聳聳肩：「如果要問我在那段時間裡得到了什麼，其實我也說不上來。只是如果我不出門，我也不會知道自己原來可以去到那麼遠的地方。」

在海上，大部分的時候都相當枯燥乏味，置身於那片什麼也沒有的汪洋，世界上的一切都距離你非常遙遠，只剩下你和你自己。在那樣全然的孤寂中，你會發現，原本覺得很重要的事情其實一點也不重要；在那樣的時刻裡，你會發

現，原來只有當距離所有東西都很遙遠的時候，你終於離自己近了一點。

或許，那正是選擇留在海邊生活的人所追逐的。

926950

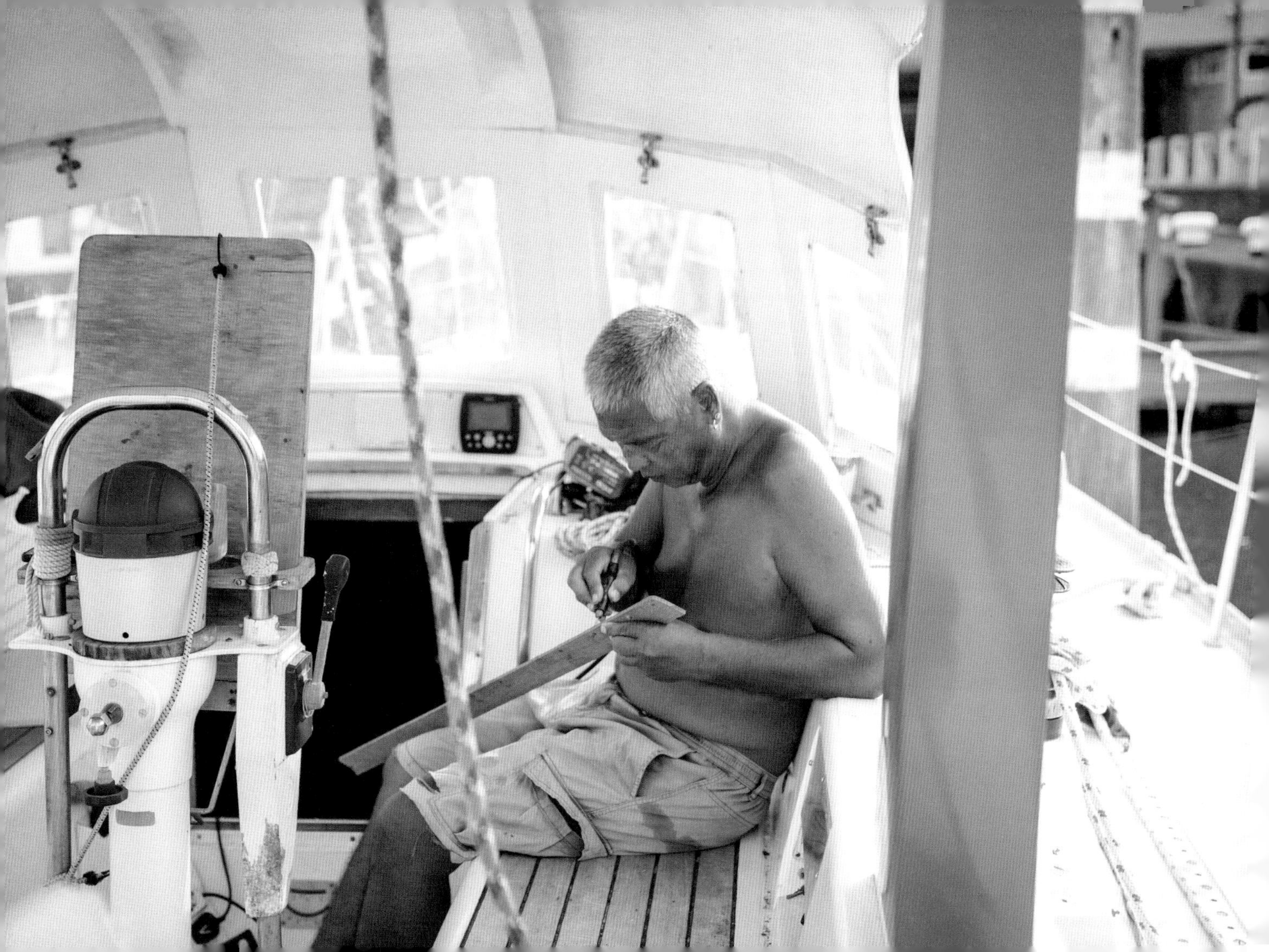

山與風

很難找到一個像恆春這樣的地方，有海的喧囂歡騰，也有山的深幽寧靜。

海拔雖然不高，這裡卻四處遍布著迷人的山林地形。大山母山、門馬羅山、龜山、墾丁森林、社頂部落、南岬草原、南仁山、石門山……彷彿隨意漫步，都能走進一座迷人的森林。

山的美是歲月沉澱的，對於山，你得來回踱步、細細品味，每一棵蒼蒼樹木都有它的故事。起初，你會覺得它們都長一個樣，成片地站在樹林裡，但隨著日子過去，它們的身影一個個日漸鮮明，脫離了群體，有了自己的形體。哪裡有什麼樹、朝什麼方位，季節與地理條件塑造出它們如今的屹立，記得一棵樹，也就記得了一個地方。

當你走入山裡，山也會走進你的身體裡，你的身體裡從此住著一座山。

恆春的山徑大多好走，每一條都很容易讓人看見驚嘆的風景。我最常去的是門馬羅山，位於滿州永靖村後方，山下常有放牧的牛隻低頭吃草。

以前門馬羅山上種滿了瓊麻，路不好走，常有人迷路，被當地居民稱為「摸無路山」，現在已是一片平坦好走的路徑，標高僅三〇五公尺，只要約十分鐘就能爬上山頭的金黃色草原鳥瞰四面八方，感受山風陣陣吹拂肌膚的舒爽，不遠處還能清楚望見大尖山。這兒有一條古道直通大尖山和赤牛嶺，舊時曾是斯卡羅族主要的聚落領地（射麻里社）之一。

我很喜歡爬上門馬羅山頭的草原，什麼事也不做，躺在平緩的山坡上吹風睡午覺，這裡總有涼爽的山風吹拂，周圍盡是蒼翠綿延的群山，視野相當遼闊。迷人的風景是時間小偷，待在這裡，常常不知不覺一個下午就過去了。

山上的曠野總給我一種蒼蒼茫茫的感覺，由於平坦迎風，這裡的樹不容易長好，以前曾有兩棵大樹佇立，在蒼茫的天地中相存相依，被稱為夫妻樹，有一年颱風吹斷了妻樹，當地村民特地挑選了一棵新樹種上去，幫夫樹續絃，搬樹上山時沿途播放〈素蘭小姐要出嫁〉，不過後來還是被吹斷了，現在只剩凋零的樹幹。

在恆春，樹木多半得夠強壯、耐旱耐風才能存活，除了夏秋常有的颱風，冬天的落山風更是出了名的強。只要仔細看就會發現，恆春山上的樹都是斜的長，模樣相當奇特，它們有一個很美的名字叫「風剪樹」，全因長年狂風吹拂而長成了風的形狀。

不光是樹，在恆春生活的人，每年有一半的日子活在風裡。

地勢的緣故，冬季的東北風翻過中央山脈來到恆春時，恰好會形成下坡風，變得加倍強勁，被稱為「落山風」，忽大忽小的瞬間陣風有時候比颱風還要強上數倍。冬天的時候，一個禮拜總會颳好幾天這種強風。

起風的日子，不僅騎摩托車會被吹得東倒西歪，吊在外面的衣服也肯定會消失不見。恆春的人因此像恆春的植物一樣發展出了許多適應方法，譬如騎摩托車要載水箱或石頭增加重量。一回，我看見某戶人家洗完衣服後怕被風吹走，乾脆用石頭把一排衣服直接壓在地上晒，真是落山風的子民才有的生活方式。

雖然每逢風季總得與頑強的落山風對抗，卻也因為這種特殊的強風吹走了髒空氣，讓恆春擁有與花東相同的潔淨空氣。身體習慣了有風的清新感，風比較少的日子反而覺得全身不自在。「與風為伍」融入了恆春居民的日常。

有時我覺得，那風不只吹走髒污，也替我們吹走了生命裡的塵埃。就像恆春的樹木長成了風的形狀，不知不覺，恆春的人也長成了像風一樣瀟瀟灑灑的模樣，比起陽光或大海，在恆春生活的人更像風的子民，無拘無束，自由自在，隨處而來，隨遇而安。

風沒有形狀，卻形塑大地，為萬物帶來了搖曳的姿態，就像我們生命中那些沒有形體的事物，無形中也形塑了我們的模樣。

牧草原

我想，一望無際的草原風景也是恆春迷人之處。

恆春的海風鹽分高、風又強，並不利於植物生長，早年以農耕經濟作物為主的居民多半窮困。曾聽老一輩講，以前若有小姐要嫁到恆春，那可是會哭出來的。

不過，也有些作物因為強風長得特別好，譬如最有名的、在土壤中成長的根莖類蔬菜洋蔥，另外還有牧草。

少有人知道，恆春是台灣主要的牧草種植區域之一，滿州、埔頂一帶有整片連綿的牧草原。早期在地方單位的推廣下，許多村民種起比較適合恆春氣候的牧草，以熱帶地區的盤固草種為主。

盤固草種的根部生長方式盤根錯節，不怕風又耐晒，不太需要照顧，在恆春長得特別好，牛也很愛吃，一年可以收割兩次。每隔一陣子總能看見農民開著捲草車，忙碌地將田野上的草捲成一顆一顆的牧草捲載去賣。

夏末尤其有趣，恆春是候鳥遷徙必經的走廊，夏末初秋是白鷺鷥過境的季節，牠們特別喜歡成群地停留在草原上，跟在牧草車後面吃翻草時跑出來的蟲子，或是直挺挺地站在放牧的牛背上抓牛隻身上的蟲子吃。白鷺鷥全部一起從草原上翩翩起飛時，看起來就像天空下起了白色的雪。每當看到這些白鷺鷥都提醒著我，夏天已經進入了尾聲。

我特別喜歡埔頂那片一望無際的牧草原，這片草原位在山丘上，往下看就是海，景色美得像童話世界般令人屏息。旅居國外的朋友有次和我們一起開車過來，見到的第一眼忍不住對著窗外的風景說：「這裡好像托斯卡尼！」當時的我聽完愣了愣，後知後覺地意識到，平日習以為常的風景，對他人而言是一抹不可思議的美景。

除了如詩如畫的草原，埔頂山上還有一座很美的山谷。這座山谷靠近以前的聯勤美軍招待所，招待所如今雖是廢墟，三十幾年前可是高級的西餐俱樂部，恆春地方上經濟較富裕的家庭會攜家帶眷前來享用牛排，是讓人津津樂道的當年回憶。

這座山谷是附近的制高點，四周被終年常綠的茵茵碧草環繞，順著草徑往下走，下方有兩池泥巴色的湖水，常有附近放牧的牛群走到湖邊喝水、洗澡。記憶中，這山谷總是涼爽，海風會從四面八方迎面拂來，站在靜謐的山谷之間，只有振翅的鳥兒唧唧歌唱，牛群與雁鴨在湖泊裡游水，山谷不遠處就是波光粼粼的大海。

偶爾我會和我的狗帶著一張露營椅來，一起在這吹著風望著山谷，有時看書，有時思考，只是後來我的狗死了，剩下我一個人去，坐著發呆看山。

山不說話，也從不追逐，她只是站在那裡，卻撼動了整個心靈。好幾次我試圖拿起相機想捕捉這片山谷的風景，不知為何，總是無法順利呈現。後來我終於體悟到，那種美是流動的，是光景的，是時空間的，任何文字或影像都無法完整重現那座山頭觸動我的部分，正如同世界上所有真正美麗的事物，只能以心靈經歷。

有牛的地方

恆春是一個曾經與牛有著緊密關係的地方。

日治時代的日本政府認為恆春很適合發展畜牧業，設立了「恆春廳種畜場」研究肉牛和肉羊。當時的單位延續至今成了農委會的恆春畜產試驗所，通稱墾丁牧場，位於大尖山山腳下。

每天一到放牧時間，總能看到各種花色的牛隻在寬闊的草原上甩著尾巴低頭吃草，剛出生不久的小牛緊緊跟在母牛身邊。沿著山腳下的牧場道路漫步，兩旁筆直高聳的南洋杉林蔭成群，走到底就是牛舍，平時主要工作是牛隻繁殖育種。

試驗所也推廣民間飼養牛隻。恆春的地理環境不利於耕作，一年常常只能採收一期，天氣不好時很可能歉收，早年居民因觀光產業尚未起步，在種田之外會靠捕魚、飼養與販售肉牛、肉羊為生，許多老一輩的記憶裡都有牛隻相伴。

十幾年前剛搬到恆春的時候，我常常一個人騎著機車到山裡探險，那時經常在路上遇到要過馬路的牛群和羊群，久了也習以為常。有一年颱風還在船帆石看見跑到海邊馬路上迷路的牛，一群人在狂風暴雨中拉著繩子，努力地想辦法把牛牽回去。

不過有一天，等我注意到的時候，我發現不知為何，恆春的路上已經很難再遇到這些動物了，我猜是養的人老了、少了。

有次和村子裡的阿伯閒聊，他說小學下課回家都要幫忙趕牛，有點感傷地說那個年代的人和牛之間有著深厚情感，生活與牛緊緊相依，現在的人不懂得那種羈絆。

雖然現在在恆春已經愈來愈難看到牛，不過除了墾丁牧場，在門馬羅山、赤牛嶺、關山、埔頂、旭海的草原上，還是能遇見村人放牧的牛群，偶爾也會碰到牠們出來漫步。

看著牛兒們緩緩地低頭吃草，尾巴有規律地拍打著蒼蠅，背對著汪汪的太平洋，姿態那樣悠然，在天地之間，在海洋與草原之間，自顧自地嚼著草，過著與世無爭的歲月，那從容的模樣令我盼望，常不覺一望就是良久。

生活在這裡的我，或許也是一頭牛，隨日月而行，逐水草而居。

野生梅花鹿觀察日誌

幾年前，我相當熱中於拍攝梅花鹿。

起因是有一天我去草原散步，偶然看見不遠處有一隻公鹿正低頭吃草，我非常驚喜，可是牠發現我之後，很快就跳進森林裡離開了，沒有多作停留。自此之後，我常常特意繞去草原，想看看能不能再次不期而遇，持續數個月之久的結果，意外地變成了一系列觀察日誌。

很久以前，台灣的野生梅花鹿因為過度獵捕而滅絕了，一九八四年梅花鹿復育計畫啟動，決定在恆春半島的社頂部落山上復育梅花鹿，向台北市立動物園借了圈養的鹿隻來做階段性的復育與野放。復育結果非常順利，現今恆春的山裡可說是滿山滿谷的鹿群，變成了此地獨特的風景。

然而，野生動物天性膽小，要看到並不容易。梅花鹿只要發現任何風吹草動就會馬上跑走，並不容易遇見，常常在山裡轉了數小時，僅能短暫瞥過一、兩隻一閃而過的身影。牠們跑得非常快，奔跑的模樣宛如跳躍般，蹦蹦跳跳地非常可愛，一跳就是數公尺。

梅花鹿出沒的時間大多是晨昏，黃昏的光線太過短暫也很難拍攝，我通常都是天剛破曉時上山看鹿，因為牠們是夜行性動物。有一次我嘗試徹夜苦等，沒想到不小心在車子上睡著了，半夜一睜開眼睛，旁邊都是鹿。

梅花鹿的公母很好辨認，一般的生物都有兩性異形（雌雄個體差異），梅花鹿也不例外。公鹿的體型較大、頭上有角，母鹿較為嬌小、頭上無角，小鹿則需一歲以後才會長角。

屬於台灣特有亞種的台灣梅花鹿體型較水鹿來得嬌小，特色是身上的白色斑點，毛色會因季節的不同而有所變化，夏天的顏色比較淺，冬天的毛色明顯比較深。

雖然在鹿種之中算是體型較為嬌小的品種，成年的公梅花鹿體積還是滿大的，體長可達一百五十五公分。有一回我經過一處草叢，恰好一隻公鹿從草叢裡走出來，我被那巨大的身影嚇了一大跳，牠也嚇了一大跳，立刻衝走，我連拿出相機都來不及。

為了不影響牠們的作息，遠遠地發現鹿群後，我通常都會馬上趴下，不會有太大動作，保持一定的距離，降低自己的威脅性，安靜地在遠處拍照，以防驚擾到牠們。由於通常只能在遠處觀察，靠近一點牠們就會跑掉，拍攝鹿的鏡頭起碼需要三〇〇mm才足夠，一般手機拍不到。

少數幾次，我罕見地遇見了幾隻不太怕人的梅花鹿。

一次是遇見一隻公鹿低頭吃草，遠遠地發現了我，居然一反常態沒有跑開，而是繼續低下頭覓食。另一回，兩隻母鹿遠遠看見了我，好奇地觀察了我許久，竟然決定走向我，我們彼此望著對方，清晨的草原十分寂靜，只有我和牠們無聲地交流。我當下並沒有任何動作，只覺得趴在那裡望著就是最好的。

很難形容那瞬間給了我什麼悸動，電影《白日夢冒險王》中有一段攝影師趴在雪地終於找到了雪豹，最後卻沒有按下快門，他只說了一句：「Beautiful things don't ask for attention.」我想，就是那樣的感覺吧。

當然，不是每次遇到鹿都像演電影那樣浪漫，大多時候是枯燥且一無所獲的。

有一回清晨好不容易鹿群終於出現，趴在地上打算慢慢地靠近一點看時，好死不死竟然趴在紅螞蟻的巢穴上，等到全身爬滿了紅螞蟻才驚覺，可鹿群又在眼前，不敢動作太大驚擾到牠們，只能緊張又手忙腳亂地拍掉身上的螞蟻。凡是要去山裡，還是穿著長褲與包鞋較為安全。

雖說山那麼大，鹿群不太容易遇到，拍攝久了倒也有些心得。

梅花鹿通常都是一個族群一個族群出沒，一個族群大概有十隻到二十隻不等，我遇過最大群的是同時有三、四個族群。牠們通常很喜歡聚在一起，出沒的時間也很雷同，所以我找鹿時有一套蟑螂理論：「看到一隻鹿，附近一定就有十隻鹿」。這說法當然有些誇張，大意是遇不到鹿的時候，通常就是那個時間或地點不太對。

動物行為很有趣，我們人類下意識的行為幾乎也逃離不了某些既定法則。鹿有族群活動，每個鹿群會由二、三隻公鹿與數隻母鹿、小鹿組合而成，一個鹿群少則約三、五隻，多則達十幾、二十幾隻不等，彼此之間劃分得很清楚，公鹿常常會獨自覓食，母鹿則會帶著小鹿到處走。

鹿群之中，主要是公鹿領頭，通常公鹿也會最先發現敵人的蹤影，當母鹿與小鹿低頭進食時，公鹿若警覺了敵人的蹤影，會定定地不動直視對方，此時鹿群並不會馬上離開覓食地點，等到公鹿認為有進一步危險才會無聲地發號施令，接著所有的鹿群便會往同樣的方向規律地跑開。

提到公鹿，不能不提牠們在秋季繁殖期競爭地盤、母鹿的鬥角行為。

有一天我摸黑起了個大早，想去東岸的龍磐草原拍攝日出，沿途卻發現不太妙，遠遠地便從西岸公路看到山頭另一邊雲層密布。果然，到了龍磐後，海上全是雲層，縱然天空已漸露魚肚白，太陽卻全被遮蔽住，什麼也拍不到。

頂著落山風大老遠騎摩托車跑來實在不想空手而歸，我便繼續沿著路向前騎，打算碰碰運氣看能不能遇見梅花鹿，想不到騎沒多久，竟然有三隻梅花鹿從馬路跳過，心想附近可能還有鹿群，我決定停下車，走進旁邊的草原瞧瞧。

走沒多久，我便發現了一大群梅花鹿的蹤跡，其中一處空地有三隻行動特別緩慢的公鹿。

起初我以為牠們上了年紀因而動作遲緩，其中一隻公鹿緩慢地站到高處的石頭上，做出裂唇嗅反應（將上唇翻起以利更多氣味傳達至犁鼻器，在發情期有助提高嗅覺幫助尋找伴侶），另外兩隻則是不斷在地上磨角、掘土，讓在一旁觀察的我意識到即將有事發生。原來，這是牠們準備鬥角前的預備動作。

只見兩隻公鹿緩緩地繞著圈子，愈靠愈近，接著將彼此頭上的角瞄準對方。電光石火間，兩頭鹿瞬間展開鬥角競爭，不斷地用彼此的鹿角頂撞對方，角與角糾纏在一起，兩隻都使出最大的力氣往前頂，力道之大，讓牠們腳邊的塵土飛揚，纏鬥了數分鐘之久。

打鬥到一半時，第三隻鹿忽然老神在在地走到牠們中間坐了下來，讓牠們暫時停下了動作，但由於決鬥尚未分出勝負——鬥角通常會鬥到分出勝負為止——那兩隻沒多休息又開始繼續鬥角，不斷地激鬥了好幾圈，互相撞來撞去，最後終於分出了勝負。贏的那隻公鹿走掉，輸的那隻鹿角斷了，站在草原上，發出類似「喔－依－嗚－」的連續悶哼，非常奇特。

在勝負的兩方各自朝不同的方向散去後，第三隻鹿仍舊老神在在地在牠們方才的戰場上閒步，還不時觀望著一旁的我。我不禁想，到底是我在觀察鹿，還是我被鹿觀察呢？

雖然公鹿的角又大又美，也是牠們爭奪地盤的武器，有時牠們卻會因這對美麗醒目的角而死於非命。有一次，我在草原上遇見了一隻公鹿，因為角被草原上的麻繩纏繞無法掙脫，脖子因而以奇怪的角度扭曲，在我眼前斷了氣。死亡那瞬間，眼球在一瞬間失去了光芒。

大家都曉得公鹿會打架，很少人知道其實母鹿也會打架。

有一回我在山上同時遇見了兩個很龐大的鹿群，每個鹿群約有二十隻不等，是我至今遇見最多的鹿群數量，牠們彼此之間劃分得算是清楚，很好判別。

我趴在地上觀察牠們的行為，發覺有兩隻母鹿愈靠愈近，接著竟然雙雙站了起來，像拳擊手那樣用前腳狂踹對方，重複了好幾遍「站起來揍對方」的畫面，讓我差點笑出來。不過不像公鹿鬥角勝負那麼明顯，我看到最後還是看不出來誰勝誰負，牠們就各自走掉了。

想看野生梅花鹿的話，除了社頂部落的梅花鹿復育工作站周圍，鄰近山頭的籠仔埔、水蛙窟草原也是十分容易遇見梅花鹿的地方，來到恆春，不妨到這些地方繞繞，說不定會幸運地和牠們巧遇。

牧羊

沿著一九九縣道往山裡走，沿途會依序經過二重溪、四重溪，因此地有數條牡丹溪下游的溪流經過而得名，這些河流最終則會沿著山一路流向大海。

由於腹地寬廣、水源充足，以前這一帶的山裡和溪邊常能看見放牧的羊群。

當時這一帶幾乎家家戶戶都養羊，一戶最多可達好幾百隻，不過隨著時代與產業結構改變，土地成本高、照顧羊隻的工作又很辛苦，如今養羊的只剩下一戶人家。

每天下午，仍然過著牧羊人生活的曾大哥會騎著他的老檔車，帶著僅剩的三十幾頭羊群到草原上放牧，通常一去就是一、兩個小時，羊群吃草時他就在樹下打瞌睡，曾大哥的太太則在羊舍裡照顧剛出生的小羊，兩個人過著數十年如一日的牧羊生活。

即使如今小孩大了、各自事業有成，早已不需要過同樣的日子，兩人還是堅持住在羊舍旁鐵皮搭成的簡陋舊屋裡，每天早起擠奶、照顧羊隻。夫妻倆說，其實現在他們已經很少買賣羊隻了，只是習慣了山裡幽靜自在的生活，還是喜歡住在這個待了一輩子的羊舍，所以不願意改變生活方式。對他們而言，這就是家的模樣。

最多的時候，曾大哥家養了上百頭羊，家中的三個孩子以前每天放學下課就要回家幫忙趕羊，孩子們最怕的就是羊不見了。即便有那麼多隻羊，夫妻兩人仍舊可以一眼辨認出每一頭羊，因此只要有一頭羊不見了，小朋友們就會緊張得不敢回家，深怕被爸媽一眼發現有羊沒回來，卻是常常找到天黑也找不回羊，最後仍得靠經驗老到的曾大哥摸黑上山找羊。

對山路地形與羊的習性十分熟悉的曾大哥總是很快就能帶回迷路的羊，他說通常只要觀察鳥出沒的方向就一定可以找到羊，也笑說要當一個牧羊人，最重要的就是不怕黑，不怕鬼。

母羊生產通常都是半夜，每逢牠們生產的日子，夫妻倆半夜常要起來查看，萬一遇到難產就要想辦法趕快幫忙拉出來。鄉下地方沒有畜牧獸醫，羊隻受傷、生病，都得靠他們自己處理，日子久了有經驗，甚至能幫羊兒縫合傷口。雖然沒有麻藥，小羊似乎總是神奇地知道曾大哥在幫助牠們，通常都乖乖地不掙扎。

以前種田的人因為靠牛犁田，多半不吃牛，曾大哥家也不例外。即便養羊、賣羊，與羊生活在一起的他們其實不太吃羊，我猜想或許相處久了，還是有感情。

他們告訴我，家裡的羊都沒有名字，因為養羊最忌諱取名字，一取就會產生感情。幾十年來養過這麼多頭羊，他們只為三隻羊取過名字，到現在都還記得牠們的模樣，以及離開時那種格外痛心的感覺。

老一輩的人總把與動物之間的關係盡量看得淡漠，但望著他們細數羊舍裡每一隻羊的模樣，誰都看得出來他們與動物之間的深厚羈絆，仍然堅持過著與從前一樣與羊為伍、每天放牧的日子。

想到此番風景正逐漸消失，不知道我還有多少機會再看到這樣的景象呢？

大山母山

台灣有一份小百岳名單整理了具有歷史或地理意義的郊山，讓喜愛山岳的民眾可以一訪，不過有些山會因為路況出問題或者難度太高被抽換掉，由其它山遞補上，二〇一七年恆春南灣的「大山母山」就因此被列入。

頂著小百岳名單的光環，加上山岳文化盛行，原本乏人問津的大山母山瞬間爆紅，這幾年有愈來愈多人特地前往攀爬。

小百岳名單不代表難易度，大山母山相當平易近人，標高僅三百二十五公尺，走起來非常輕鬆，大約四十分鐘就能攻頂。恆春半島另一座同為小百岳的「里龍山」是一千零五十九公尺，走起來就有些難度。

大山母山的入口位於南灣一處墓地旁，山道為原始土坡，一開始的路段較為曝晒，毫無遮蔽物，隨後會進入樹林，愈往山上愈來愈窄，有些小坡則需要手腳並用。上山沿途可看見不少低海拔常見的亞熱帶闊葉，也有許多板根植物，還能看見很大的老榕樹。

由於位於中央山脈南端，大山母山山頂能清楚望見台灣尾端海岸線的絕美景色。山頂的三角點腹地雖小，視野卻十

分良好，恰好能眺望大尖山與台灣最南端的鵝鑾鼻海岬，令人讚嘆不已。

事實上，恆春是戶外運動的天堂，除了有許多郊山步道可以探索、騎越野車，平緩的公路美景也很適合慢跑、騎單車，更別提恆春是海洋運動大本營，獨木舟、衝浪、潛水，都很適合，也是在恆春應該享受的事情。

吃魚

沿著恆春的海岸一路行駛，每隔一段路就會遇見一座小漁村。

早年居民多半仰賴捕魚為生，日治時代的南灣甚至是捕鯨大本營。雖然因為時代變遷加上環境變化，小型漁業不像以前興盛，但在這些漁村裡，還是可以看見一些過往的生活風景。

港邊總有綁在岸邊的漁筏隨著波浪輕輕搖曳，空氣裡聞起來有鹹鹹的海水氣味。我覺得這些漁村很適合散步。

日暮時分常有人坐在岸邊釣魚，有時我會爬上堤防坐下來看他們釣魚，聽聽海浪規律拍打的聲音。我常想，不知道釣魚的人長時間安靜地站在那裡不動都在想些什麼，或許也像瑜伽，是一種漁者們的內觀修行。

漁村的生活步調和港邊的波浪一樣，悠悠慢慢的。有時候會看見阿公阿嬤拿著一把塑膠椅坐在家門口吹風看海，世人偶一為之的浪漫，對村子裡的阿公阿嬤而言卻是稀鬆平常的生活風景。

漁村裡多數村民從年輕時就捕魚到現在六、七十歲，每當捕到好吃的魚，大家就會坐在門口一起喝保力達和台啤、一邊品嘗新鮮的魚。

有一天早晨我走在漁村裡，和鄰居阿嬤打招呼，想不到她們竟熱情地邀請我一起坐下來吃魚喝酒。有何不可？我就這樣坐了一個早上。

阿嬤說，吃魚就是要用手吃才好吃，我用手抓著魚，吃得津津有味，一連吃了一隻蛤仔與半隻飛魚，都是當季漁獲，撐到肚皮快破了阿嬤還不肯放過我，不斷往我的碗裡添魚。

早上剛剛捕撈上岸的魚十分鮮甜，愛吃魚的我簡直是吃得欲罷不能。阿嬤盯著我那貪吃的模樣半晌，忍不住說：「妳吃起來的樣子怎麼看起來那麼好吃？」

坐在板凳上跟著阿公阿嬤們一起在早上吃魚喝酒，一群人開心到哼唱起民謠，一個人要有多幸運，才能夠將日子活成這樣。

很喜歡居住在靠海小村落的日子。

大自然的日曆

住在鄉下久了，少有翻閱日曆的習慣，多半是被大自然提醒著季節的更迭。譬如銀河的位置，日落的南北，月亮的圓缺，初夏時早晨的蟬鳴和夜晚的蛙啼，還有電線桿上的燕子。夏末時田野間成群的白鷺鷥，入秋時的第一道山風和鵟鷹，春天裡整個山頭狂放的植物。

有時則是被食物提醒著歲月。例如春季遍地晒著的洋蔥，街邊吊掛著的飛魚干，以及入冬後市場隨處可見的牛杙仔。

說到季節更迭，不能不提隔壁的鄰居阿嬤。鄰居阿嬤看上去大約已高齡七、八十歲，或許是年輕時就習慣下田工作，仍舊保持著數十年如一日的農活習慣，春天晒飛魚干，冬天晒蘿蔔乾，有時候也晒檳榔乾和洋蔥，還有季節很短的雞角刺。

隨著季節輪轉，鄰居阿嬤總是把她家整個前院的大空地晒得滿滿的。我常看著一整排吊掛在竹竿上的飛魚干隨風搖曳，或者遍地的牛杙仔在陽光底下閃閃發亮。

牛杙仔是恆春冬天產的一種白蘿蔔，身形非常迷你，甜度卻相當高，熬出來的湯特別甘甜。每當鄰居阿嬤晒起蘿薊，常常傳來濃濃的誘人香氣，氣味喚醒了大腦的記憶，讓人不覺猛吞口水。

俗名雞角刺的南國小薊則是一種很特別的食材，會從地上的縫隙裡開出小小的紫色花朵，看起來非常不顯眼。每當它出現，鄰居阿嬤便忙著用鑿子一株株將它從縫隙挖出來。起初我看不懂阿嬤在挖什麼寶，後來才知道，原來南國小薊是一種可食用的常見中藥材，根部狀似人蔘，味道也和人蔘很像，因此又被稱為窮人的人蔘。以前常拿來入菜，晒乾後可以泡茶、也可以煮湯，是許多老恆春人的回憶。

春天之後則是飛魚的季節。

多數人對飛魚的印象多半集中在台東和蘭嶼，其實恆春沿海一帶同樣十分常見。每逢飛魚季，鄰居阿嬤會去附近的小漁港買回滿滿一大桶剛捕撈上岸的飛魚，坐在家門口悠閒又熟練地一隻一隻拔掉翅膀、砍掉魚頭、取出內臟，趁著天氣好，拿出竹竿晒飛魚干。

阿嬤說一公斤只要八十元，晒乾了可以吃很久，魚頭拿來紅燒最好吃，同時展示飛魚的翅膀給我看。原來飛魚的翅膀帶有一點藍色，在陽光底下會閃閃發光，看起來像精靈的翅膀一樣漂亮。

每逢端午，鄰居阿嬤拿出老舊的柴爐，劈柴、煮粽子，一燒就燒一整天，四周都是柴燒的香氣。帶有柴火香氣的粽子吃起來特別好吃。每次煮完粽子後，阿嬤看見我總會拿幾

顆給我帶回家吃。

我很喜歡鄉下地方這種用食物來問候的待人接物方式，有點傳統又可親。有一次在滿州路邊問路，正在吃飯、素昧平生的阿嬤開口第一句話是「啊妳吃飯沒？」，不知道萬一我回答還沒，她會不會叫我進去吃飯。

屋子外的這些事點醒了我歲月的更迭，總覺得在這個時代還能看見這些畫面有些奢侈，在這一眨眼明天什麼都不一樣的時代，也許，仍舊存在著一些不變的事物。

村子裡的狗

我住在一個坐落於山與海之間、看得見星星的小村落。每天傍晚，我都要騎很遠的車，彎彎曲曲沿著那條月光與星光披戴的道路回家。村子裡房子不多，只有十多戶人家，以前比較多的時候有三十戶，不過鄉下地方沒有太多工作可以做，後來年輕人都搬到都市生活了，村莊裡的人愈來愈少。

小小的村莊裡，大家幾乎都是親戚，大多數的村民白天經常打開門，在與自然相依的空間生活，吃飽飯後，經常聚在一起，坐在屋子外吹風納涼。

生活是這樣子，狗自然也是開放式地養著。

村子裡鮮有被綁在家裡的狗，狗都是在村子裡自由走動，卻都很有默契地不會離開這個山頭。

狗和村人一樣，有著自己的作息，有的會在草原上舒服地翻滾，有的會像人一樣趴在圍籬上獨自享受微風，牠們還會在固定的時間成群結伴四處散步（每天傍晚某個時間一到，就會輪到我家）。一開始覺得很稀罕，看久了也見怪不怪。

狗狗的社會像人類一樣，有成群結伴的小團體，也有不在群體裡的獨行俠，團體明顯分成兩、三個族群。我想動物和人類也是一樣的，明明都長得差不多，卻莫名有合得來的、也有合不來的。

我覺得在恆春生活的狗很像狗。一位藝術家朋友曾說「藝術需要有強烈的表情」，我覺得牠們活得「有自己的表情」，在恆春當狗，大概是一件很好的事情。

菜車

我住的村子距離鎮上很遠，平時買東西不是很方便，老人家多半倚賴著每天固定時間的菜車、魚車來採買。

菜車每天會在恆春半島的各地巡迴定點叫賣，只要菜車一來，附近居民就會聚集在車子前挑選、購買，車上可說是應有盡有，從蔬菜水果到雞鴨魚肉，甚至有各種乾貨、饅頭和豆漿。如果有想要購買的商品，也可以打電話給菜車訂購，請他們幫忙準備。

除了菜車、魚車，比較深山的地方甚至有五金雜貨車，眾多地處偏遠的小村落日常生活，就靠這些巡迴的車子補給。

菜車通常天還沒亮就出門，一路從屏東林邊慢慢叫賣到最南方的鵝鑾鼻，也會去後壁湖，以前還會繞進四重溪。後來因為人力不足加上體力不夠，現在的路線已經減少了很多。

開了三十多年的菜車大哥告訴我，這份早出晚歸的工作相當辛苦，找不到人接手，是一個正在消失的產業。許多人早已習慣騎摩托車去市區或超市買菜，但住得比較遠、腳不方便的老人家其實相當依賴菜車，繼續做下去有一半是為了那些老人家。

每到菜車來的時間，遠遠地就會聽見菜車的音樂聲，附近的阿公阿嬤就會跑來聚在車子前挑菜，順便閒話家常，儼然迷你菜市場一樣熱鬧。除了買菜，菜車對他們來說，無疑是每天最重要的日常生活風景。

全澤行
電話:0910731533
KEH-7620
限乘 3 人

漁人

我住的村子巷口有一間雜貨店，販賣一些簡單的零食和飲料，村裡的小朋友常會跑來買點心。

雜貨店老闆年近六十，頭髮灰白，一身黝黑精實的強壯身體，常坐在門口躺椅上悠悠哉哉地吹風睡午覺。每次經過時看到他躺在那裡，總讓我覺得沒人比他還懂得過日子。

在這個海邊小村落長大的老闆和很多人一樣，從小就跟著漁夫爸爸在船上跑上跑下幫忙撒網捕魚，長大後曾有一段時間跑去繁華的台北當樂師，負責彈貝斯和吹薩克斯風，雖然生活十分歡快，幾年後還是決定搬回熟悉的家鄉。

從前的生活不容易，資源缺乏的鄉下沒有什麼可以做的工作，為了養家，他開始學著下海潛水捕魚。

在恆春的海域，不同的季節隨著洋流會有不同種類的洄游性魚類，譬如牛港鰺、破雨傘，在地的常見魚種則有倒吊、石斑、鸚哥、秋姑……等等，有時也有龍蝦。

不過以前鄉下地方大家都很窮困，就算抓到魚也不一定賣得出去，只能留著自己吃。雖然經濟並不富裕，每天餐桌上卻總有魚可以吃，倒也餓不死，就這樣靠著捕魚養活了一家大小。

雖然現代養殖漁業技術愈來愈發達，吃了一輩子的魚、生活在海邊的老闆告訴我，他還是喜歡吃海魚，吃不慣養殖的魚的口感，甚至光憑外型，他一看就知道是不是養殖的魚。

上了年紀的老闆現在已經很少下水了，卻是許多人眼裡的前輩。恆春半島有三個海域交會，海流與地形十分複雜，幾乎在這片海裡潛水了一輩子的他，光是望著海面，就能判斷今天的海流狀況，常有外地的自由潛水教練特地驅車前來向他請益。

老闆謙虛地告訴我，現在的年輕人潛水技巧都比他好，他能教的不過是如何正確地看待人與自然的關係。與海為伍幾十年的歲月與經驗教會了他敬畏海洋，認為面對充滿野性的大自然，人類不應該冒險，也不該貪婪，只從海洋取用自己夠用的就好，學著如何與海和諧共處，才是我們共同的課題。

HUE

恆春鎮是恆春半島居民主要的生活中心，學校、菜市場都在這裡，鎮內步調十分悠閒，人口不多，沒有太多的匆匆忙忙。

十幾年前剛搬來時，恆春還不是很熱鬧，現在街道巷弄已經多了不少特色小店可以探索。記得當時鎮內只有一、兩間酒吧和咖啡店，沒有什麼地方可以去，大家若想出門聚聚，往往跑到便利商店門口坐著喝飲料。

那時的娛樂不多，日子卻也因此單純得多。

有時候我覺得，以前比較快樂，但我猜想，一半只是因為年輕。就像人對大海那不明所以的嚮往。其實海本身從來沒有什麼好稀罕的，多數時候我們稀罕的是那光著腳在沙灘上奔跑過的青春。

另一方面，恆春鎮本身是一座歷史悠久的古城，最早在斯卡羅部落統領的時代舊名為瑯嶠，清朝時在此地設立縣城，取名恆春，建蓋了城牆與東西南北四座城門，至今仍是台灣本島唯一一處完整保存四座城門的地方。

鎮民的生活沿著城牆延展，發展出了許多傳統的古城文化，地方上也流傳著各式各樣有趣的習俗與傳說。

當年，縣城恆春是南方的大城市，舉凡辦事、採購，都得千里迢迢特地進城。就像我們去大城市總會特地打扮、吃美食，進縣城對以前的居民而言同樣是大事。難得來縣城一趟，辦完事情離開前，總不忘順便吃碗「大麵」慰勞自己，地方上流傳著「入縣城、呷大麵」的俗諺。

「大麵」說穿了不過是稍微豪華一點的陽春麵，對以前的人而言卻是久久才能吃一次的珍貴回憶。換作現代就是必吃打卡的名物吧。在恆春街上的傳統老麵店點一碗「大麵」，再搭配麵店桌上都有的「金松」辣椒醬，便能品嘗當年的生活回憶了。

若說起生活風景，都市雖已不多見，鄉下地方還是倚靠傳統的布告欄交流訊息。街上的布告欄，偶爾會發現上頭張貼著一些稀奇古怪的布告，譬如誠徵女友。

而最能看見恆春日常的地方，則是水舞廣場。

常有人在廣場上蹺著腿，捧著一碗秋香麵店的陽春麵，再配一杯小萍的店賣的傳統養生茶，坐在樹下一邊乘涼一邊吃。再厲害的美食家都學不來這種怡然自得，恆春的人彷彿天生有種將生活過得一派悠閒的本事。

恆春地方上也有許多特殊方言。

表示認同的閩南語「丟啊！」，到了恆春變成「ㄏㄧㄠˇ啊！」。

遇到讓人驚訝的事情，恆春人常說「阿娘喂！」，一般

閩南語的「娘」是二聲，恆春則唸成三聲。

當然，最讓人印象深刻的是打招呼的特殊用語「HUE」。

在路上遠遠地看見了熟識的人，恆春的人常常充滿默契地朝著對方高聲大喊「HUE！」，聽起來很像某種鳥叫聲。

「HUE」帶有濃濃的親切感，對恆春的人而言，是最有溫度的一個字。

如果你和我一樣在恆春住久了，我想，你也戒不掉這一聲「HUE」。

綠豆饌
古早味
古早味
冰
熱
元
綠豆饌
消防栓
綠豆饌
柯
綠豆饌
本店採用
黑糖漿
綠豆饌
取餐
請由此排隊
柯
綠豆饌
冰
熱
綠豆饌

水果店
天
382
HAPPY SMILE
KIK

平房大庭院
住宅建地
60坪
面路近醫院
736萬
0986-823313
農地
6分
大路 水電
666萬
0986-823313
溫泉區
景觀美庭院
380萬
黃金店面
售1180万
媽祖廟前
1F 大面寬
2F 3F 增建
0911909897
出租
墾丁大街店面
月租8萬
0911-909-897
恭請淨徵法師
淨土佛學講座
日期:12月26日(星期日)
110年(每星期六)
時間:晚上7:00-9:00
地點:恆春鎮恆南路48號
五公寺(歡迎蒞臨參加)
環城道農地
192坪
寬:11米
深:36米
0911-909-897
套房出租
恆春
建地
220坪
送獨棟大平房
售880萬
0986-823313
鎮內
住宅建地
地60坪
雙面路近醫院
售736萬
0986-823313
恆春老街店面出售
請洽 0903085626
港口農地
4.3分
520萬
雙面路 水泥路
0986-823-313
恆春4.6分農地
水電666萬
車城66坪土地
8米路198萬
0986-823313
省道透天庭院
51坪13年638萬
學區店面透天
使用大468萬
0986-823313
四重房屋
溫泉區380萬
8.9分農地
近大路1280萬
0986-823313
誠徵
誠徵
廚師1位
洗碗工2位
工作徵伙伴
櫃檯人員 1名
待優、享勞健保
工作徵伙伴
餐廳外場服務員
1名
待優、享勞健保
墾丁假期渡假飯店
聯絡專線:08-8899999
售
東北双城
都內農地
192坪. P168万
0928-240511
湖內3樓店住
540萬
地:20坪 建:35坪
.11-909-897
恆南路住家
450萬
地:28坪 建:33坪
1-2樓. 中古屋
0911-909-897
恆春
建地
220坪
送獨棟大平房
售868萬
0986-823313
誠徵
大高雄地產
0936-258-581
墾丁大街
四溝建地
154坪
地形方正
0911
909-897
工程人員 1名
待優、享勞健保
聯絡專線:08-8899999
誠徵
女友
聯絡人:廖先生
0966-339027
湖內3樓店住
540萬
地:20坪 建:35坪
6房2厅4衛
0911-909-897
徵
墾都VILLA
售1780萬元
0919-136-218
欖仁溪旁賞鷹秘境
1甲2分2美麗農地
售
80萬
0973-784076
原住民保留地
售
40萬
0973-784076
滿州老佛雙面路
售
110萬
0973-784076
滿州200號公路旁
古樹農地1甲2分4
售
130萬
0973-784076
誠
正職人員
計時人員
(08)888-0873
恆北路農地
100坪
350萬
0911909897
恆春獨棟平房
建地223.5坪
售980萬元
0919-136-218
恆春工商公寓
售370萬元
0919-136-218
售 鎮公所住商
雙棟透天3樓
總價2700萬元
大高雄地產
0937682332
出
平
俗擱大
清靜優雅
近夜市
請撥:廖先生
0966-339027
四溝2樓透天
555萬
0936-258-581
0919-136-218
0986379397

快樂的孩子們

午後沿著恆春城牆散步，總會看見許多開心地騎著三輪車的小孩，若和他們打招呼，他們也會大大方方地熱情回應。

打從以前我就覺得，住在恆春的小孩很快樂。

從小伴隨著森林與海洋成長，呼吸著自然的空氣，在沙子和泥巴上打滾、在浪花與小溪之間奔跑，用肌膚感受大地的觸感。恆春的孩子皮膚都晒得黑黑的，總是在路上笑得超級快樂，讓人覺得，那種生活方式，簡直要羨煞世界上所有的大人。

恆春街上的貓狗同樣活得特別自在。

有一天我去吃飯，忽然有一隻浪貓站在店家門口喵喵叫，原來是天氣太熱吵著要進門吹冷氣，餐廳老闆見了便開門讓牠進來休息。

去便利商店買東西，也會看見一些貓狗躺在裡頭吹冷氣，店員並不會趕牠們走。

最有趣的是恆春老街一帶。這一帶的狗狗們有固定路線的作息，中午去哪裡、下午去哪裡、傍晚去哪裡，在老街各間店家輪流巡邏吃東西，同一隻狗在上一間店可能叫妞妞，在下一間店變成了嘟嘟。

街上的貓狗們，自然得就像是這座小鎮日常生活風景的一部分，在這齣偌大的舞台劇中扮演了一個角色。

剛從都市搬到恆春的時候，我去每一間店用餐總是很緊張，小心翼翼地詢問寵物可以進去嗎？養狗的人太習慣被拒絕了。令人跌破眼鏡的是，幾乎所到之處都可以帶狗，不能帶狗進入的店家反而比較少。相較於城市，這裡對於動物的存在似乎較為包容，我相當喜歡這種溫暖的人性。

選擇生活在恆春的理由太多了，其中大部分居民都對動物十分友善這一點，肯定是最無可取代的原因。

檳榔街

早上若到恆春鎮的菜市場閒晃，會發現市場裡除了賣蔬菜水果、雞鴨魚肉、五金雜貨的攤販，沿著福德街走，還會見到許多販賣散裝檳榔的批發攤販。

從前的福德街被稱為檳榔街。許多老一輩的人早上來市場第一件事不是買菜，而是挑檳榔。

以前為了抵禦冬天強勁的落山風，加上許多人從事粗工，恆春的人倚靠嚼食檳榔來保暖與提神，因而逐漸發展出了特有的檳榔文化。

古早年代，小至九歲、大至九十歲，恆春幾乎人人吃檳榔。老人家回憶，以前上小學都會帶檳榔去學校，當成像是口香糖那樣的零嘴吃，結婚提親、拜拜祭祀，也都要準備檳榔。

檳榔是早期恆春居民生活中不可或缺的一部分，地方上流傳的俗諺「有成無成，檳榔先做前」，指的就是人們以檳榔做為見面禮的習慣。

比起到檳榔攤購買包好的檳榔，恆春的人比較習慣到市場的批發零售攤販挑選檳榔、按照自己喜歡的口味調整荖葉與石灰，自己包來吃。經常看見街上的老人家們人手一個專門提袋，裡面裝著包檳榔的材料與器具，隨包隨吃。有些早已沒有牙齒的老人家為了吃檳榔，甚至會準備一種特殊的壓碎工具，讓檳榔更容易入口。

也因為實在是太愛吃檳榔了，擔心產季過後吃不到檳榔，恆春還發展出了本地特有的檳榔乾，將檳榔晒乾，可以保存得更久。

隨著吃檳榔的人口減少，現今福德街僅存的檳榔攤不再像往日那麼多，但是每天早晨仍可看見許多居民站在攤販前挑選檳榔果，一邊嚼食一邊閒話家常，吃的除了是檳榔，也是生活情懷。

香
筒仔米糕
SYM

$10

恆春天后宮

恆春半島的範圍內有將近一百間大大小小的廟宇，其中不乏許多歷史悠久的百年老廟，好比擁有近一百五十年歷史、恆春鎮的信仰中心——恆春天后宮。

恆春縣城建於清光緒元年（一八七五年），恆春天后宮建於清光緒五年（一八七九年），可說幾乎和恆春鎮擁有相同的記憶，裡頭供奉的是元老級的開台媽祖。

當年官兵由福建湄洲來台，傳說中湄洲是媽祖（林默娘）的故鄉，因此有祭拜媽祖的習慣，官兵將湄洲的五尊媽祖一起帶來台灣，其中一尊便是恆春營的這一座。

一般來說，廟宇分成官廟、公廟與私廟，恆春天后宮是官建，屬於官廟，神格比一般的高一級，廟裡的媽祖神像兩旁的侍女手上拿的東西因此與一般的配置不同，拿的是官印和聖旨。

由於是跟著官兵一起來台，又稱「行軍媽祖」。行軍之故，神像需要方便攜帶，設計上與一般硬式的不同，屬於特殊的「軟身媽祖」，神像的身體和手腳是像芭比娃娃般的柔軟設計。

媽祖的神像分成好幾種，分別是粉面、金面和黑面。粉面媽祖多是居家公壇，金面媽祖是官廟，黑面媽祖主要是斬妖除魔。有意思的是，恆春的媽祖神像是相當罕見的紅面，因為建廟時正逢恆春縣城新建，一座嶄新的城鎮最需要的便是人口與繁榮，紅面媽祖有著為新城鎮帶來喜氣的意味。也因如此，恆春天后宮的媽祖像兩旁的配侍神與一般的不同，分別是保佑生育的註生娘娘，以及保佑小朋友平安的中壇元帥，與當時的時空背景息息相關。

另一方面，媽祖身上的衣服和鞋子通常是請繡莊以蔥線繡的方式手工製作，相當精細，帽子則是請專門的神帽店製作，材質分成紙、銅、銀。以為愈珍貴的神像，帽子材質愈是高級金屬嗎？其實古老的神像反而會使用紙帽，再黏上金箔裝飾，以避免帽子太重，傷害到脆弱的神像。

說到媽祖的服飾，一位在海外工作的女子有一天忽然夢見恆春天后宮的媽祖鞋子破了，打電話告訴人在恆春的母親，母親納悶地前往天后宮詢問，想不到眾人一看，鞋子真的破了，母女倆認為是媽祖托夢，便捐錢做了新的繡花鞋，神奇得不得了。

恆春天后宮中有三件很有來頭的歷史文物，被稱為鎮廟三寶。第一無疑是從湄洲帶來的「軟身媽祖」，第二是建廟之初就有的百年古老「神轎」，第三是廟門口的兩隻看門「狛犬」。

一般廟宇門口鎮守的都是石獅子，恆春天后宮門口卻是只有日本神社才會看見的狛犬，頗為罕見。這兩隻狛犬原屬日治時代的北門神社（今三台山自來水廠一帶），日本人走了之後便被拿來使用，形成兩種文化交融的奇特景象。

根據推測，當時會這麼做，一來可能是因為當年較為貧困，丟棄可惜，二來或許是因為之前被日本人欺負，日本人走了之後就把兩隻日本狛犬拿來廟前鎮守，有一種「換你幫我看門」的心態。

恆春天后宮每年最熱鬧的兩個活動，一是農曆三月二十三日媽祖誕辰當天的遶境（廟會，一般慣以台語稱「熱鬧」），二是媽祖生日之前要到北港朝天宮「會香」。

「會香」與我們平時聽到的「進香」意思類似，但意義大不相同。

一個地方要新建廟宇、供奉神明的時候，新的神像要先到比較古老的廟宇舉行儀式、求取靈力，新的神像也因此被視為原本廟宇神像的分身，稱為「分靈」。分靈的神像每年都要回祖廟一次才能保持靈力不滅，相關活動稱為「進香」。

然而，恆春天后宮媽祖與北港朝天宮媽祖都是當年一起從湄洲來台的開台媽祖，彼此之間的輩分屬於姊妹，故稱「會香」。「進香」的概念是下屬對長官，「會香」則是廟與廟之間平級的交流。

照理來說，這些媽祖的祖廟都在湄洲，理應返回湄洲進香，不過早期回湄洲相當不方便，便就近改至北港會香。再加上老一輩平時少有機會出門遊玩，經常藉由進香，順便出門旅行。

媽祖誕辰當天，恆春天后宮會舉辦大型的遶境活動，大陣仗的場面總是熱鬧無比。

據說媽祖在遶境的時候就像是巡邏一樣，會繞一圈把不好的東西抓走。在恆春，遶境有一項別於其他地方的特別傳統，那就是「拜東西南北四個城門主」。一般都是拜城隍爺，但日治時代拆了恆春的城隍廟，遶境就乾脆直接拜城門了。媽祖也會順便犒賞四個城門主，獎勵祂們一整年的辛苦鎮守。

媽祖遶境時還有「放榜」的傳統，孤魂野鬼若有冤情，便可以藉此機會申訴，媽祖會主持公道，等到活動結束後再「收榜」。

每逢遶境，街道兩旁的恆春居民都會出來看熱鬧，看見媽祖經過，大家都會停下來虔誠地舉起雙手拜拜，就連洗頭洗到一半的阿姨也不例外。很多阿公阿嬤、爸爸媽媽，都會帶著小孩特地來看熱鬧，有些店家則在店門口特意擺放祭品供奉，媽祖轎甚至還會特別繞進醫院。

每次親眼目睹遶境的熱鬧場面，總讓人不自禁地深深感到，文化穿梭在日常生活的每一條街道之中。

當然，說到遶境，不能不提恆春獨有的「發大轎」傳統。廟會神像出巡往往是坐神轎，由八名信眾合力扛轎，恆春的神轎出巡則有一種很特別的扛轎方式，稱為「發大轎」，扛轎的眾人會快速用力搖晃轎身，過程相當激烈。據扛過的人表示，「發大轎」的時候轎子常常會突然變重，因為神明下降在神轎之中。

「發大轎」十分刺激，難度也很高，若沒有默契，很容易發生意外。而且因為很累，通常需要好幾組人輪流，並用毛巾墊著肩膀。由於非常需要練習，恆春地方上流傳著一個說法，看一個村里團不團結，就看他們的轎子發得久不久，發得愈久，表示村民之間的默契愈好。

即使「發大轎」非常累人，仍有許多村民希望有機會參與，除了「扛轎可以保佑平安」一說，也因為十分刺激好玩，許多人扛了上癮。在廟會進行的過程中，如果圍觀者懂得扛轎，臨時想參與「發大轎」，也可以馬上加入，是一個非常能夠連結村里情感、凝聚眾人向心力的傳統地方活動。

另一方面，古老的恆春天后宮裡藏有許多值得一看的建築藝術。

恆春天后宮是傳統的閩式建築，曾經整建過兩次，屋內、屋外所有的藝術作品加起來一共有六十幾幅，有很多值得細細欣賞的傳統工藝之美。

比如現代的廟宇裝飾多為工廠大量製造組合的淋搪剪，恆春天后宮卻保留了曾獲薪傳獎的台南葉進祿大師民國四十八年製作的玻璃剪，這種傳統工法需要至少五、六名師傅分工，細細修剪，過程繁瑣，所呈現的光澤與手工的美感，包含金邊、細緻度與藝術成分，統統不在話下，淋搪剪無法比擬。

天后宮

西門路
1

天后宮
天上聖母

豎孤棚

說起恆春一年之中最熱鬧的日子，就是每年的中元節了，除了會舉辦大型的普渡祭祀，還有難得一見的搶孤比賽，稱為「豎孤棚」。

所謂的搶孤，「孤」指的是祭拜的供品。每逢中元節，寺廟普渡完的供品都會發放給民眾領取，早年生活貧困，大家經常爭先恐後爭奪這些免費的食物，造成傷亡，於是便用攀爬比賽這種公平的方式來爭奪孤棧上的供品，演變至今，搶孤爭奪的不再是供品，而是豐厚的獎金。早期台灣各地都有類似的活動，今日只剩下宜蘭頭城與屏東恆春仍然保有這項傳統競技賽事。

也有人說，在祭祀完成後舉辦這種熱鬧的大型活動是為了趕跑普渡完吃飽的鬼魂，避免祂們久留不去。

恆春的搶孤活動分成兩個重點，一是搶供品，二是豎孤棚。

一般來說，普渡時需要先祭拜掌管亡靈的城隍，由於恆春的城隍廟日治時代就已毀損，普渡方式因此較為不同，法師會按照東西南北四個城門來祭祀。

祭祀完成後，供品會發放給民眾免費領取，為了避免爭奪，是以發放糖果籤的方式來兌換，時間一到，於廣場各處撒下糖果，糖果上貼有可兌換的供品名稱。

由於是地方上的大型祭祀活動，普渡的物品數量相當可觀，每年都吸引了大批居民高舉垃圾袋、箱子，甚至是雨傘搶奪糖果。活動結束後，總能看見大家雙手大包小包滿載而歸的景象。據説，吃了普渡的食物可以保佑平安。

發放完供品糖果後，接下來就是重頭戲豎孤棚了。

這種競賽由五人組成一隊，以疊羅漢的方式攀爬塗滿牛油的柱子，柱高十一公尺，最先爬上去的人可以奪得孤棧上的冠軍旗幟。柱子塗滿了牛油，相當難爬，負責攻頂的攻旗手只能用兩條塑膠帆布綁繩結慢慢爬上去，一個不留神滑下去就得重新來過，比賽節奏非常緊張刺激。

最初的搶孤比賽僅按照東西南北城門，分成四柱比賽，並在四根柱子上掛鞭炮，最先燒完的就可以先爬。現代則增設為三十六根，不過實際上最多只能有三十二隊參加，中間四根柱子必須留給好兄弟攀爬。

由於是鬼月的比賽，搶孤過程有諸多禁忌。

比賽過程中，各隊都會不斷往天空撒大量金紙；選手必須挑選，若家中有祭拜神明、本身為乩身，或是家中有正在坐月子的女性，統統不適合參賽；陰氣重的孤棚，禁止女性進入；獲勝的選手奪旗後必須把臉塗黑、用布遮住頭，避免被好兄弟認出來，而且必須獻上一隻活雞做為自己的替身，隔天帶去放生，讓好兄弟去找牠。

獲勝後一共會獲得兩面旗幟，一面是冠軍旗，另一面是普渡旗（又稱中元旗、順風旗）。相傳普渡旗有保佑平安的作用，奪勝隊伍可以獲得普渡旗一年的保存權。只要連續三年都是同一位攻旗手奪得就可以永久保留，不過目前恆春建城一百五十年歷史以來，尚未有隊伍達成此成就。

比賽結束後，全身都沾滿難以清洗牛油的參賽選手，全員統統會站在路邊拚命搓澡，形成一幅有趣的景象。

杏輝藥品

中軍府
光觀林寺

八寶公主

恆春地方上流傳著神祕的八寶公主傳說。

相傳很久很久以前，有一艘荷蘭商船飄洋過海來到台灣，在大灣海灘意外觸礁擱淺，船員們倉皇逃上岸，以為總算得救了，想不到上岸後竟然遇上社頂的原住民，全員被當作入侵者殺光。

當時，船上一位荷蘭公主同樣遭到殺害，身上的寶物被全數搶走，據傳一共有八樣，分別是荷蘭木鞋、絲綢頭巾、珍珠項鍊、寶石戒指、寶石耳墜、羽毛鋼筆、紙、皮箱，因此被稱為八寶公主。

後來，憤怒的荷蘭軍隊來到墾丁，打算為公主報仇，但山路錯綜複雜，一行人怎麼也找不到山上的部落，便故意留下一些食物、布匹與公雞，假裝放棄回航。誤以為已獲得勝利的部落居民帶走了戰利品，返回部落徹夜慶祝，未料天一亮，洪亮的雞啼傳遍山頭，部落位置曝光，荷蘭軍隊殺了進來。

因為一隻公雞而敗北可是奇恥大辱，社頂部落直到今日仍流傳著「不養雞、不吃雞」的傳說禁忌（但實際上，當地居民還是養雞吃雞的）。

過了很久之後，有一天，墾丁忽有一位居民無故發瘋，到處放火燒房子，感到害怕的村民趕緊請來乩童作法詢問，沒想到乩童一開口說的竟是英語，嚇愣了眾人。原來是在墾丁被殺害的八寶公主無法回到家鄉，陰魂不散地附身在居民身上。

為了安撫亡靈，當地居民在大灣沙灘的萬應公廟旁另外設立了一間小廟祭拜八寶公主，這間八寶宮便成了台灣唯一一座祭拜外國人的廟宇。廟旁除了有從大灣挖掘出來的遇難船隻殘骸，供奉的也是咖啡、紅酒等西洋物品，甚至還有給公主的化妝品，相當奇特。

八寶公主的故事一路流傳到了現代並未畫下句點，陸續仍然傳出許多關於八寶公主光怪陸離的奇聞。

數年前的某一年，社頂部落居民接連過世，有人揣測可能是八寶公主前來索命，人心惶惶，特地舉辦了一場法會超渡當年遇難的公主與船員。想不到辦完法會之後，社頂社區那一年突然獲得了全台社區比賽特優獎，獎項還是到荷蘭旅遊，正是八寶公主的故鄉！神奇的巧合讓眾人深感離奇。

這幾年同樣發生了好幾起老嫗在山裡離奇獲救的故事，統統謠傳是遇到了八寶公主。

一位住在山上的年邁老婦每天都會上山採菇，對路線十分熟悉，某天早晨出門後卻再也沒有回來，搜救隊怎麼都找不到。由於老婦年紀很大了，許多人推測可能已經遭逢不幸。沒想到一星期後，竟然在山中的石縫間發現老婦全身赤裸地瑟縮在裡面，被找到時雖然有點脫水，身體其餘狀況都十分良好，讓人百思不解。

眾人驚訝地問老婦發生了什麼事，怎麼會沒穿衣服躲在這裡？她說那天一如往常般上山，卻在森林裡迷了路，不知道為什麼一直走不出去，忽然見到一名外國女子，趕緊向對方求救，外國女子卻一直往前走，沒有要帶她走出森林的意思。由於四下無人，又餓又渴又累的老婦只能無助地一直跟在後面。走了好幾天，在老婦不斷懇求之下，對方終於答應了，卻要老婦脫下身上的衣物當作交換，她只好照辦。說也奇怪，脫下衣服給那名外國女子後沒多久，她便奇蹟似地獲救了。

眾人聽完不禁一陣頭皮發麻，許多人謠傳那名外國女子正是八寶公主，也有人說她遇到的是魔神仔（註：民間傳說中於山上出沒的魑魅魍魎），更有人稱老婦人可能上了年紀神智不清，可是卻無法解釋為什麼老婦人能夠走那麼久的路。

無論真實性為何，八寶公主的傳說都增添了更多奇異的色彩。

根據史學家的研究，這則民間傳說的正確歷史事件應該是美國的「羅妹號」（Rover）在鵝鑾鼻發生海難，船長夫婦與船員們逃到岸上後被當地原住民殺害，並非傳說中的荷蘭，也沒有公主，故事中的八寶公主真實身分應為當時的船長夫人。

羅妹號事件後來間接影響了日本出兵台灣（牡丹社事件），是一重大歷史事件，小說《傀儡花》、電視劇《斯卡羅》都是以此事件為背景。

恆春這片土地還流傳著許多如八寶公主的神奇傳說，隨著歲月流逝，地方上的故事也將一直傳誦下去。

八寶宮

後記

你有沒有過這樣的時刻，當你站在人海之中，驀然回首，惶恐地發現青春已經不知道在什麼時候結束了，等待你的再也不是無限的可能，而是日復一日相同的日子，從前的那些理想，生活可能的模樣，早已被年月的輪廓磨淡再也看不清楚，想往回走、想停下來探頭，卻只能被日子推著向前走。

我已經忘了十多年前的自己是什麼模樣了，那感覺遠得彷彿像是上輩子的事情，沒想過要回去，大概也回不去了。

那時候的我在一間公司當一名小職員，薪水很普通，工作也很乏味，生活的輪廓很模糊，下班和朋友吃飯、周末去百貨公司逛街購物，日子差不多就那樣過去了。當時的我從沒仔細想過生活其他可能的模樣，我猜當人進入名為社會的巨大齒輪之中，無可避免也就遺忘了做夢與想像的能力。每天睡醒，我從眼前出現的選項抉擇，吃牛排或是吃沙拉，去酒吧還是電影院，生活讓我們以為自己有選擇，實際上這是一個標準的ＡＢ式選擇題，在Ａ與Ｂ之間，無論選哪一個，我們都未跳脫相同的人生。

如果不是多年前的一個契機，我猜我現在距離那樣的生活也不會有多大的改變。年輕的我遭逢挫折，迫切地需要一個出口，那時的我如同多數人一樣，對海邊的生活抱有不切實際的浪漫幻想，一個衝動之下，我把工作辭了搬到海邊的小鎮。

起初在民宿找了份工作，每天應付著來自各地的旅客，後來則靠著寫作與拍照餬口，天氣好的時候我去海邊晒太陽、潛水，下雨的日子就窩在家裡讀書，幾年來沒有賺到幾個錢，卻賺到了很多生活，畢竟你可以花錢度假，卻沒辦法用錢買生活。

原本我只不過打算待個半年、至多一年，但一晃眼十多年過去，我還在這裡。我把自己當成過客，海漂的時光卻成為常駐的日常生活風景。回到都市的時候、站在捷運站裡的時候、望著灰得看不見藍色的天空的時候，我總是感到無所適從，幾乎不能呼吸。直到那時我才意識到，自己沒有辦法再回到都市生活了。

在城市生活，很多時候重要的都是「未來的事」。眼下所做的事情，大多是關乎將來能不能過得更好、之後能不能完成某件事情，大抵來說追求的是生活的品質。但是在恆春，重要的常常是「現在的事」，像是天氣好不好、能不能衝浪，追尋的是生活的本質。在很多人眼裡，這樣不遵循常理的生活方式被稱之為「不務正業」，沒有穩定的工作、成天無所事事、得過且過，但我認為充其量就只是價值觀的不同，世界上有多少人，就有多少種價值觀。

海漂的生活方式給我的衝擊太大，讓我不由得開始思考，蹉跎光陰與追尋自我的界線在哪裡？

我想起西方有一種很普及的文化，叫做「gap year」，是指年輕人在升學、進入社會之前，或者轉換工作的空檔遠行，通常都是半年、一年以上的長期旅行，更甚者，永遠不打算回家的也大有人在。

為什麼人要遠行？為什麼又非要趁著年輕的時候出門？

幾年前我在尼泊爾時遇到了兩名荷蘭女孩，只有二十歲，結伴一起環遊世界。我好奇地問她們為什麼出門旅行？她們告訴我，她們還沒上大學，因為不確定自己將來要做什麼，父母也認為如果還不曉得要做什麼的話，比起胡亂找一份差事到頭來發現只是浪費時間，不如先出門看看，多接觸各種事物，也許對於自己真正想要的東西會更加清楚。

後來我結識了另一名很年輕的朋友，剛滿二十歲已去過雲南、印度等地長期壯遊，與那兩位荷蘭女孩一樣。

望著她們的時候，我總帶有一種欽羨的眼光，彷彿在她們身上看見了無限的可能。我一點也不覺得她們沒有上大學怎麼樣，反倒覺得才二十歲就能有這樣的眼界，那麼等她們到了自己的年紀，肯定是不同凡響的吧。

我覺得，在恆春生活的人，海漂的生活對他們來說就好比是生命中的 gap year，有些人畢了業不知道要做什麼，先來這裡打工換宿；有些上班族在都市工作感到疲乏，出走來這裡一段時間。有些人待了一段時間就走了，他們說覺得夠了；有些人來了之後再也沒離開，他們說沒有辦法在其他地方生活了。

我不願意過度理想化海邊的生活，也許你可以把這裡的生活當作一個童話故事看待，也可以藉由童話故事，揣想生活其他可能的模樣。

生活，從來都只是一種選擇罷了。

STORY 114

一種叫做恆春的生活

作　　者—朵米 Domi
照片提供—葉忠憲（一四三頁）
責任編輯—陳詠瑜
校　　對—聞若婷
行銷企畫—林欣梅
內頁設計—張靜怡
封面設計—FE 工作室

總 編 輯—胡金倫
董 事 長—趙政岷
出 版 者—時報文化出版企業股份有限公司
一〇八〇一九臺北市和平西路三段二四〇號三樓
發行專線—（〇二）二三〇六—六八四二
讀者服務專線—〇八〇〇—二三一—七〇五
（〇二）二三〇四—七一〇三
讀者服務傳真—（〇二）二三〇四—六八五八
郵撥—一九三四四七二四時報文化出版公司
信箱—一〇八九九臺北華江橋郵局第九九信箱
時報悅讀網—http://www.readingtimes.com.tw
電子郵件信箱—newstudy@readingtimes.com.tw
時報文藝粉絲團—https://www.facebook.com/readingtimesLiterature
法律顧問—理律法律事務所　陳長文律師、李念祖律師
印　　刷—華展印刷有限公司
初版一刷—二〇二五年一月十日
定　　價—新臺幣三〇〇元
（缺頁或破損的書，請寄回更換）

時報文化出版公司成立於一九七五年，
一九九九年股票上櫃公開發行，
二〇〇八年脫離中時集團非屬旺中，
以「尊重智慧與創意的文化事業」為信念。

一種叫做恆春的生活／朵米 Domi 著. -- 初版. -- 臺北市：
時報文化出版企業股份有限公司, 2025.01
160 面；14.8×21 公分. --（Story；114）
ISBN 978-626-419-103-6（平裝）

1. CST：旅遊文學　2. CST：屏東縣恆春鎮

733.9/135.9/133.69　　113018910

ISBN 978-626-419-103-6
Printed in Taiwan